MÉMOIRES

SUR LE

RÉGULATEUR A FORCE CENTRIFUGE,

ET LES

ACCROISSEMENTS DE FORCE

DANS LES MACHINES DE WOLF,

Par M. MAHISTRE ;

Professeur à la Faculté, Officier de l'Instruction publique, Membre de la Société des Sciences de Lille.

PRIX : **3 FR.**

A PARIS,

Chez MALLET-BACHELIER, quai des Augustins, 55.

1857.

MÉMOIRES

SUR LE

RÉGULATEUR A FORCE CENTRIFUGE,

ET LES

ACCROISSEMENTS DE FORCE

DANS LES MACHINES DE WOLF,

Par M. MAHISTRE,

Professeur à la Faculté, Officier de l'Instruction publique, Membre de la Société des Sciences de Lille.

PRIX : **3** FR.

A PARIS,

Chez MALLET-BACHELIER, quai des Augustins, 55.

1857.

MÉMOIRE

SUR LE PENDULE CONIQUE,

OU RÉGULATEUR A FORCE CENTRIFUGE,

Par M. MAHISTRE, Membre de la Société des Sciences de Lille.

Les diverses théories du pendule conique qui sont venues à ma connaissance, négligent le poids des tiges ainsi que les actions que la force centrifuge exerce sur elles ; ou si elles en tiennent compte , elles le font d'une manière inexacte, au moins pour cette dernière force. En faisant abstraction des deux forces qui précèdent, on est conduit à une expression remarquable de la hauteur h du pendule conique, savoir :

$$h = \frac{g}{\omega^2},$$

dans laquelle g est la gravité , ω la vitesse angulaire de rotation. Mais ce résultat, qui est d'une remarquable simplicité , n'exprime la valeur de h qu'avec une grossière approximation, comme on le verra ci-après.

Dans une note sur le calcul de la force centrifuge, insérée dans les mémoires de la Société impériale des sciences de Lille (2.ᵉ série. t. 2, année 1855), j'ai démontré :

1.º *Que la résultante des actions centrifuges sur un corps de forme quelconque, homogène ou hétérogène, tournant autour d'un axe fixe ou instantané, est la même , en grandeur, que si toute la masse du mobile était concentrée en un point quelconque d'une ligne, menée par le centre de gravité, parallèlement à l'axe de rotation.*

2.º Que la résultante était déterminée par les trois équations

$$\left\{ \begin{array}{l} ay_{\text{\tiny I}} - bx_{\text{\tiny I}} = o \\[2mm] m\,a\,z_{\text{\tiny I}} = \displaystyle\int x'\,z'\,d\,m \\[2mm] m\,b\,z_{\text{\tiny I}} = \displaystyle\int y'\,z'\,d\,m\,, \end{array} \right.$$

dans lesquelles le signe intégral s'étend à toute la masse du corps, et où l'on désigne par a, b, c les coordonnées du centre de gravité du mobile, par x', y', z' les coordonnées d'une molécule quelconque dm, par $x_{\text{\tiny I}}$, $y_{\text{\tiny I}}$, $z_{\text{\tiny I}}$ les coordonnées courantes de la résultante. On a pris pour axe des z' l'axe de rotation à l'instant où l'on estime la force centrifuge. On peut remarquer que les équations ci-dessus restent les mêmes quand on transporte les axes au centre de gravité, parallèlement à eux-mêmes. Maintenant nous prendrons ce point pour origine.

On voit aussi que les deux dernières équations conduisent à la relation

$$a \int y'z'\,dm - b \int x'z'\,dm = o\,,$$

laquelle exprime la condition qui doit être remplie pour que le système des forces se réduise à une résultante unique.

Si l'on applique ces formules au cas d'un cylindre oblique à l'axe de rotation (fig. 1), on aura $b = o$, d'où $y_{\text{\tiny I}} = o$, ce qui fait disparaître la première des équations ci-dessus. A cause de la symétrie, on a aussi

$$\int y'z'\,dm = o\,,$$

par suite l'équation de condition est satisfaite. Il reste donc pour déterminer la résultante l'équation unique

$$(1)\dots \qquad z_{\text{\tiny I}} = -\,\frac{1}{ma} \int x'z'\,dm\,,$$

dans laquelle on a tenu compte du signe de a, dont la valeur absolue est ici égale à OA.

Pour intégrer cette équation, nous transformerons d'abord les coordonnées x', z', en d'autres relatives aux axes Ox, Oz, et l'on trouvera sans peine, en nommant φ l'angle aigu que l'axe du cylindre fait avec l'axe de rotation,

$$(2)\ldots\quad \begin{cases} x' = x \cos \varphi - z \sin \varphi \\ z' = x \sin \varphi + z \cos \varphi. \end{cases}$$

A l'aide de ces valeurs, celle de z_1 devient, en nommant D la densité constante de la matière du cylindre,

$$z_1 = - \frac{D \sin \varphi \cos \varphi}{ma} \left(\int x^2\, dx\, dy\, dz - \int z^2\, dz\, dx\, dy \right),$$

car, dans ce nouveau système de coordonnées, l'on a évidemment

$$\int xz\, dm = 0 .$$

Effectuant les intégrations indiquées, nommant l et p la hauteur et le rayon du cylindre, on trouve

$$(3)\ldots\quad z_1 = \frac{1}{4} \sin \varphi \cos \varphi \left(\frac{1}{3} \frac{l^2}{a} - \frac{p^2}{a} \right)$$

en observant que $m = \pi p^2 l\, D$.

Si p est très-petit, comme cela a lieu dans le pendule conique, on pourra négliger le 2me terme et prendre simplement

$$(4)\ldots\quad z_1 = \frac{1}{12} \sin \varphi \cos \varphi\, \frac{l^2}{a} .$$

Posant $NB = \rho$ et observant que $OP = \frac{1}{2} l \sin \varphi$, on a pour la valeur de a

$$a = \rho + \frac{1}{2} l \sin \varphi ;$$

par suite, la valeur de z_1 devient

$$z_1 = \frac{1}{12} \sin \varphi \cos \varphi \; \frac{l^2}{\rho + \frac{1}{2} l \sin \varphi} \; .$$

De là on conclut :

$$(6)\ldots \qquad OG = \frac{1}{12} \sin \varphi \; \frac{l^2}{\rho + \frac{1}{2} l \sin \varphi}$$

$$(7)\ldots \quad MG = \frac{1}{2} l \left(1 - \frac{1}{6} \sin \varphi \; \frac{l}{\rho + \frac{1}{2} l \sin \varphi} \right)$$

$$(8)\ldots \quad NG = \frac{1}{2} l \left(1 + \frac{1}{6} \sin \varphi \; \frac{l}{\rho + \frac{1}{2} l \sin \varphi} \right)$$

si ρ est nul ou très-petit, et si φ n'est pas très-petit, les formules ci-dessus donnent

$$(9)\ldots \qquad \left\{ \begin{array}{l} OG = \dfrac{1}{6} l \\[2mm] MG = \dfrac{1}{3} l \\[2mm] NG = \dfrac{2}{3} l \, , \end{array} \right.$$

d'où il résulte que *lorsqu'un cylindre d'un très-petit diamètre tourne autour d'un axe, si ce cylindre se termine sur l'axe ou très-près de l'axe, sans faire avec lui un très-petit angle, la résultante des actions centrifuges rencontrera celui du cylindre à très-peu près, au tiers de sa longueur, à partir de l'extrémité la plus éloignée de l'axe de rotation, ou aux deux tiers à partir de l'autre extrémité, l'axe du cylindre et l'axe de rotation étant dans le même plan.*

Quant à l'intensité de cette résultante, elle se calculera comme si la masse du cylindre était concentrée en un point quelconque de Oz'.

Maintenant, si l'on décompose la force R en deux forces parallèles X, Y, agissant aux deux points M, N, on trouve

$$(10)\ldots X = \frac{1}{2} R \left(1 + \frac{1}{6} \sin \varphi \, \frac{l}{\rho + \frac{1}{2} l \sin \varphi} \right),$$

$$(11)\ldots Y = \frac{1}{2} R \left(1 - \frac{1}{6} \sin \varphi \, \frac{l}{\rho + \frac{1}{2} l \sin \varphi} \right).$$

TRAVAUX ÉLÉMENTAIRES DES FORCES QUI SOLLICITENT LE RÉGULATEUR.

2. — Reprenons la question que nous avons en vue. Généralement, le pendule conique forme un hexagone tel que celui de la (fig. 2), dans lequel les quantités égales

$$MS, \ Ms, \ Uc, \ uC,$$

sont très-petites.

Pour abréger le discours, j'inscris le poids de chaque pièce à l'extrémité de la verticale du centre de gravité; ainsi, par exemple, T est le poids de la tige SE, L est le poids de AU, enfin M est le poids de la douille. Soient aussi F′ et F″ les résultantes des actions centrifuges sur les tiges cylindriques telles que AU, SE (Je suppose que la tige qui porte les boules entre dans celles-ci jusqu'en E). Je puis décomposer F′ en deux forces parallèles X, Y, agissant aux points A et U, et l'on aura, en vertu de la formule (10) du numéro précédent.

$$(1)\ldots \quad X = \frac{1}{2} F' \left(1 + \frac{1}{6} \sin \varphi \, \frac{l}{\rho + \frac{1}{2} l \sin \varphi} \right).$$

J'opère une décomposition analogue relativement à la tige au. Je puis également remplacer, de chaque côté, la force L par deux forces égales à $\frac{1}{2}$ L et agissant en A, U et en a, u. Ces dernières se composent à leur tour en une force unique L, agissant suivant l'axe de la douille. Enfin, j'écris pour abréger,

$$MS = \rho, \ SE = \lambda, \ SA = l, \ SD_1 = t.$$

Cela posé, j'imprime au système un mouvement infiniment petit, qui lui fasse prendre la position accentuée tracée sur la figure; j'aurai d'abord en nommant **F** la force centrifuge qui agit sur l'une des boules et ω la vitesse angulaire de rotation,

$$(2)\ldots \qquad F = \frac{B}{g}\, \omega^2 \left\{ \rho + \left(\lambda + r \right) \sin \varphi \right\};$$

dans cette formule, r est la distance OE, laquelle sera positive ou négative, selon qu'elle sera comptée sur le prolongement de SE ou en sens contraire.

Relativement aux autres forces centrifuges, on aura de même

$$(3)\ldots \qquad F' = \frac{L}{g}\, \omega^2 \left(\rho + \frac{1}{2}\, l \sin \varphi \right)$$

$$(4)\ldots \qquad F'' = \frac{T}{g}\, \omega^2 \left(\rho + \frac{1}{2}\, \lambda \sin \varphi \right)$$

Cela posé, les travaux élémentaires des forces qui agissent sur le système, auront les valeurs ci-après :

$$(5)\ldots \left\{
\begin{aligned}
&\mathcal{T}\ 2\ F = 2\ F\,(\lambda + r)\,\cos \varphi.\, \delta\varphi \\[4pt]
&\mathcal{T}\ 2\ X = F'\, l \cos \varphi \left(1 + \frac{1}{6}\sin \varphi\ \frac{l}{\rho + \frac{1}{2}\, l \sin \varphi} \right)\delta\varphi \\[4pt]
&\mathcal{T}\ 2\ Y = o \\[4pt]
&\mathcal{T}\ 2\ F'' = 2\ F''\, t \cos \varphi\, \delta\varphi \\[4pt]
&\mathcal{T}\ 2\ B = -\, 2\ B\,(\lambda + r)\, \sin \varphi\, \delta\varphi \\[4pt]
&\mathcal{T}\ 2\ T = -\, T\, \lambda\, \sin \varphi\, \delta\varphi \\[4pt]
&\mathcal{T}\ 2 \left(\frac{1}{2}\, L \right) = -\, L\, l \sin \varphi\, \delta\varphi\ .\ \text{L'on a aussi} \\[4pt]
&\mathcal{T}\ (M + L) = -\, 2\,(M + L)\, l \sin \varphi\, \delta\varphi.
\end{aligned}
\right.$$

En effet, $\widetilde{\sigma}\,(M+L) = -2\,(M+L)\,CC'$. Mais il est aisé de voir que

$$CC' = 2\,NN' = 2\,A'Q = 2\,l\sin\varphi\,\partial\varphi\,,$$

donc
$$\widetilde{\sigma}\,(M+L) = -2\,(M+L)\,l\sin\varphi\,\partial\varphi\,.$$

Egalant à zéro la somme de ces travaux, et observant que

$$(6)\dots\qquad h = (\lambda + r)\cos\varphi\,,$$

On trouve, en remplaçant les forces centrifuges par leurs valeurs,

$$(7).\ h = \frac{g}{\omega^2}\,\frac{(\lambda+r)\sin\varphi}{\rho+(\lambda+r)\sin\varphi} + \frac{g}{\omega^2}\,\frac{T\lambda+(2M+3L)\,l}{2B\{\rho+(\lambda+r)\sin\varphi\}}\sin\varphi$$
$$-\ \frac{L\,l\left(\rho+\frac{2}{3}\,l\sin\varphi\right)+2\,T\,t\left(\rho+\frac{1}{2}\lambda\sin\varphi\right)}{2B\{\rho+(\lambda+r)\sin\varphi\}}\cos\varphi\,.$$

Remarquons maintenant que l'on a, en vertu de l'équation (8) du numéro précédent

$$(8)\dots\qquad t = \frac{1}{2}\lambda\left(1 + \frac{1}{6}\sin\varphi\,\frac{\lambda}{\rho+\frac{1}{2}\lambda\sin\varphi}\right)\,;$$

pour $\rho = o$, cette formule donne

$$(9)\dots\qquad t = \frac{2}{3}\lambda\,.$$

Maintenant si dans la formule (7) on fait également $\rho = o$, elle devient

$$(10).\ h = \frac{g}{\omega^2} + \frac{g}{\omega^2}\,\frac{T\lambda+(2M+3L)\,l}{2B\,(\lambda+r)} - \frac{L\,l^2+T\,\lambda^2}{3B\,(\lambda+r)^2}\,h.$$

Proposons nous actuellement d'avoir égard à la quantité ρ que nous venons de négliger.

A cet effet, nous ferons d'abord observer que pour $\rho = o$,

$$(11)\ldots \qquad \frac{dt}{d\rho} = -\frac{1}{3 \sin \varphi} \ .$$

Cela posé, si l'on développe l'équation (7) suivant les puissances croissantes de ρ, on aura, pour la correction δh de h, et en ne conservant que les termes du premier ordre par rapport à ρ,

$$(12).\quad \delta h = -\frac{q}{\omega^2}\frac{\rho}{(\lambda+r)\sin\varphi}\left(1+\frac{K}{B}\right) - \frac{h\rho}{2B(\lambda+r)^2\sin\varphi}\left(T\lambda+Ll - \frac{2}{3}\frac{T\lambda^2+Ll^2}{\lambda+r}\right).$$

dans laquelle on a fait pour abréger

$$(13)\ldots \qquad K = \frac{T\lambda + (2M + 3L)\,l}{2\,(\lambda + r)} \ .$$

Comme le second terme de cette équation est très-petit à cause du diviseur B, on peut prendre simplement

$$(14)\ldots \qquad \delta h = -\frac{q}{\omega^2}\frac{\rho}{(\lambda + r)\sin\varphi}\left(1 + \frac{K}{B}\right) \ .$$

Si l'on veut avoir égard au deuxième terme de la formule (12) il suffira d'y remplacer h par la valeur de cette quantité qui résulte de la première approximation. Nous remarquerons que l'équation (7) exprime la valeur exacte de h (du moins à la quantité près de l'ordre de ρ^2 que nous avons négligée dans la formule 3 du N.º 4) quand la douille est à l'état de repos, car alors elle n'agit plus sur les leviers de manœuvre qu'elle doit mouvoir. Si l'équation dont il s'agit devait exprimer les conditions du mouvement de la douille, il faudrait encore avoir égard aux frottements sur les articulations des tiges et des leviers. Mais nous remarquerons que, si l'on nomme ρ_{I} le rayon d'un tourillon , f le coefficient du frottement qui est ici très-petit, parce que le système est toujours bien huilé ; N la pression normale qui s'exerce au point de rotation, entre le tourillon et l'œil, le

9

glissement aura pour valeur $\rho_1\, \delta\psi$, en nommant $\delta\psi$ l'angle de glissement.

Par suite, le travail absorbé sera

$$\mathfrak{C} = -\,\mathrm{N}\,f\,\rho_1\,\delta\psi.$$

Mais $\delta\psi$ et $\delta\varphi$ sont des quantités de même ordre, posant $\dfrac{\delta\psi}{\delta\varphi} = \varepsilon$, ε étant un nombre fini, la valeur de $\mathfrak{C}$ deviendra

$$\mathfrak{C} = -\,\mathrm{N}\,f\,\rho\,\varepsilon\,\delta\varphi,$$

qui est une quantité négligeable par rapport aux autres travaux élémentaires. Donc *l'équation (7) peut être regardée comme étant l'équation du mouvemnt vertical du système, quelle que soit d'ailleurs la nature de ce mouvement.*

La démonstration précédente suppose que ε est un petit nombre; d'abord, il n'en saurait être autrement relativement aux leviers de manœuvre qu'entraîne la douille, qui sont en général très-mobiles. On trouve en second lieu, par les règles qui servent à déterminer le glissement infiniment petit entre deux courbes, que pour les articulations des tiges, $\varepsilon = 2$ en A et a, tandis que $\varepsilon = 1$ pour les autres articulations (1).

Si le résistance SM, que les leviers de manœuvre opposent au mouvement n'était pas négligeable, il suffirait, pour y avoir égard,

---

(1) Cherchons, par exemple, le glissement qui a lieu au point A. D'après la théorie des mouvements élémentaires d'une figure dans son plan, le déplacement élémentaire de la tige AU équivaut à une rotation infiniment petite autour du point h; donc si le point U parcourt un espace égal à CC'', en nommant ω la rotation infiniment petite autour du centre instantané h

$$\omega\,.\,h\,\mathrm{U} = \mathrm{CC}'\,.$$

Mais $\mathrm{CC}' = 2\,\mathrm{NN}' = 2l\,\delta\varphi\,\sin\varphi$ et $h\mathrm{U} = 2l\,\sin\varphi$; remplaçant, dans l'égalité précédente CC' et h V par leurs valeurs, il vient

$$\omega = \delta\varphi\,.$$

de remplacer dans les équations précédentes , le poids M de la douille par M + δM ; la résistance δM étant positive quand elle s'ajoute au poids de la douille, négative dans le cas contraire.

Si l'on pose maintenant :

$$(15)\ldots \qquad K' = \frac{L\,l^2 + T\,\lambda^2}{3\,(\lambda + r)^2} ,$$

l'équation (10) devient, en ayant égard à (13),

$$h\,\omega^2\,(B + K') = g\,(B + K).$$

Pour une autre position de la douille, on aurait pareillement ,

$$h'\,\omega'^2\,(B + K') = g\,(B + K) ,$$

De la comparaison de ces deux équations on tire

$$\frac{h}{h'} = \frac{\omega'^2}{\omega^2}$$

ce qui démontre que *les hauteurs du pendule conique sont , à très-peu près, en raison inverse des carrés, des vitesses angulaires correspondantes.* De sorte que si l'on pouvait mesurer la hauteur h qui répond à une vitesse donnée, on aurait pour la hauteur h' relative à autre vitesse aussi donnée

$$h' = \frac{\omega^2}{\omega'^2}\,h.$$

Pour un second pendule qui tournerait avec la vitesse du premier, on aurait pareillement

---

Imprimons maintenant aux tiges SA , AU un mouvement commun de rotation $\delta\varphi$ autour de l'axe S , et en sens contraire du mouvement de SA ; de la sorte la tige SA sera réduite au repos ; mais alors la tige AU sera animée de deux rotations égales à $\delta\varphi$ et dirigées dans le même sens. Ces deux rotations se composeront en une seule autour de l'axe A , laquelle sera égale à leur somme. Par conséquent , on aura :

$$\delta\psi = 2\,\delta\varphi. \qquad \text{C. Q. F. D.}$$

$$H \omega^2 (B_0 + K'_0) = g (B_0 + K_0).$$ Comparant avec l'équation
$$h \omega^2 (B + K') = g (B + K),$$

on trouve
$$\frac{h}{H} = \frac{B + K}{B + K'} : \frac{B_0 + K_0}{B_0 + K'_0},$$

laquelle pourra servir à déterminer h au moyen de H et réciproquement.

CALCUL DU POIDS DES BOULES SOUS LA CONDITION QU'ELLES AIENT UNE COURSE VERTICALE DONNÉE.

3. — Soit ω la vitesse angulaire de régime, ω' et ω'' la plus grande et la plus petite vitesse du régulateur, h, h', h'' étant les hauteurs correspondantes, c la course verticale des boules, on aura, pour déterminer les quatre inconnues h, h', h'', B, à résoudre les quatre équations

$$(4)\ldots \begin{cases} h \omega^2 (B + K') = g (B + K) \\ h' \omega'^2 (B + K') = g (B + K) \\ h'' \omega''^2 (B + K') = g (B + K) \\ \qquad h'' - h' = c \end{cases}$$

lesquelles donnent

$$(2)\ldots \quad h = \frac{\omega'^2\ \omega''^2}{\omega^2 \left(\omega'^2 - \omega''^2\right)}\, c$$

$$(3)\ldots \quad h' = \frac{\omega''^2}{\omega'^2 - \omega''^2}\, c$$

$$(4)\ldots \quad h'' = \frac{\omega'^2}{\omega'^2 - \omega''^2}\, c$$

$$(5)\ldots \quad B = \frac{Kg\,(\omega'^2 - \omega''^2) - K'\, c\, \omega'^2\, \omega''^2}{c\, \omega'^2\, \omega''^2 - g\,(\omega'^2 - \omega''^2)}.$$

Soit maintenant n un nombre entier donné on pourra poser

$$(6)\ldots \qquad \omega' = \omega + \frac{\omega}{n}\ , \qquad \omega'' = \omega - \frac{\omega}{n}\ , \text{ d'où}$$

$$(7)\ldots \omega'^2 + \omega''^2 = 2\omega^2\left(1 + \frac{1}{n^2}\right),\ \omega'^2 - \omega''^2 = \frac{4\omega^2}{n},\ \omega'^2\omega''^2 = \omega^4\left(1 - \frac{1}{n^2}\right)^2.$$

Substituant ces valeurs dans les équations ci-dessus, on trouve

$$(8)\ldots \qquad h = \frac{(n^2 - 1)^2}{4\ n^3}\ c$$

$$(9)\ldots \qquad h' = \frac{(n - 1)^2}{4\ n}\ c$$

$$(10)\ldots \qquad h'' = \frac{(n + 1)^2}{4\ n}\ c$$

$$(11)\ldots \qquad B = \frac{4\ \mathrm{K}\ ng - \mathrm{K}'\ c\ \omega^2\left(\dfrac{n^2 - 1}{n}\right)^2}{c\ \omega^2\left(\dfrac{n^2 - 1}{n}\right)^2 - 4\ ng}$$

Maintenant, désignons par N le nombre de tours que le régulateur fait en une minute, on aura la relation

$$\omega.\ 60 = \pi\ \mathrm{N}\ ,$$

d'où l'on tire

$$(12)\ldots \qquad \omega = \frac{\pi\ \mathrm{N}}{30}\ ,$$

Substituant cette valeur dans l'équation (11), on trouve

$$(13) \ldots \quad B = \frac{K\,ng - K'\,c\,\dfrac{\pi^3 N^3}{3600}\left(\dfrac{n^3 - 1}{n}\right)^2}{\dfrac{\pi^2 N^2}{3600}\left(\dfrac{n^2 - 1}{n}\right)^2 c - ng}.$$

Comme on pourrait obtenir pour B des valeurs trop grandes ou trop petites, on posera $B > B_0$, $B < B_1$, et l'on aura

pour $B < B_1$ $\quad (14) \ldots$ $\quad N > \dfrac{60}{\pi}\left(\dfrac{n}{n^2 - 1}\right)\sqrt{\dfrac{ng}{c} \cdot \dfrac{B_1 + K}{B_1 + K'}}$,

pour $B > B_0$ $\quad (15) \ldots$ $\quad N < \dfrac{60}{\pi}\left(\dfrac{n}{n^2 - 1}\right)\sqrt{\dfrac{ng}{c} \cdot \dfrac{B_0 + K}{B_0 + K'}}$.

Désignons encore par h'_0 et h''_0 des valeurs telles qu'on ait

$$h' > h'_0, \quad h'' < h''_0 \,;$$

remplaçant h' et h'' par leurs valeurs, puis résolvant par rapport à c, on obtient pour les limites de la course verticale des boules

$$(16) \ldots \qquad\qquad c > \frac{4\,n}{(n-1)^2}\,h'_0$$

$$(17) \ldots \qquad\qquad c < \frac{4\,n}{(n+1)^2}\,h''_0.$$

Toutefois h_0' et h_0'' ne sont pas complètement arbitraires, attendu qu'on doit avoir

$$\frac{4\,n}{(n+1)^2}\,h''_0 > \frac{4\,n}{(n-1)^2}\,h'_0\,,$$

ce qui donne

$$(18 \ldots \qquad\qquad \frac{h'_0}{h''_0} < \left(\frac{n-1}{n+1}\right)^2$$

Telle est la dépendance qu'il faut établir entre les hauteurs limites qu'on assigne au pendule conique.

Soit encore h_1, la hauteur MC de la douille, on aura

$$h_1 = 2\,l\,\cos\varphi ; \text{ mais on a déjà}$$

$$h = (\lambda + r)\cos\varphi \text{ donc}$$

$$(19)\ldots \qquad h_1 = \frac{2\,l}{\lambda + r}\,h .$$

On aura de même pour les hauteurs limites de la douille du régulateur,

$$h_1'' = \frac{2\,l}{\lambda + r}\,h''$$

$$h_1' = \frac{2\,l}{\lambda + r}\,h' .$$

Retranchant membre à membre, posant $h_1'' - h_1' = \gamma$, et observant que $h'' - h' = c$, il vient

$$(20)\ldots \qquad c = \frac{\lambda + r}{2\,l}\,\gamma .$$

Substituant ces valeurs dans les inégalités (16) et (17); puis, résolvant par rapport à γ, on trouve pour les limites de la course de la douille,

$$(21)\ldots \qquad \gamma > \frac{8\,n}{(n-1)^2}\,\frac{l\,h_0'}{\lambda + r}$$

$$(22)\ldots \qquad \gamma < \frac{8\,n}{(n+1)^2}\,\frac{l\,h_0''}{\lambda + r} .$$

On voit par la formule (19) que h_1 sera plus grand que h toutes les fois qu'on aura

$$l > \frac{1}{2}\left(\lambda + r\right) .$$

Nous ferons remarquer que le choix des quantités h'_0, h_0'' n'a rien d'absolu, seulement on évitera par leur emploi d'obtenir pour h' et h'' des valeurs inacceptables.

Les limites de N s'expriment aussi en fonctions de h'_0, h''_0. On trouve sans peine, à l'aide de la première des équations (1)

$$(22\ \text{bis})\dots \quad \begin{cases} N > \dfrac{30}{\pi} \sqrt{\dfrac{g}{h''_0}\ \dfrac{B+k}{B+k'}} \\[2em] N < \dfrac{30}{\pi} \sqrt{\dfrac{g}{h'_0}\ \dfrac{B+k}{B+k'}}. \end{cases}$$

Maintenant pour savoir quels sont les nombres qu'on peut choisir parmi ceux qui sont compris entre ces limites, on remarquera que la course des boules devant se faire entre h'_0 et h''_0, on devra avoir, en désignant par N_0 et N_1 les deux limites ci-dessus

$$\frac{N}{n} < N - N_0, \quad \frac{N}{n} < N_1 - N,$$

d'où l'on tire

$$(22\ \text{ter})\dots \quad \begin{cases} N > \dfrac{n}{n-1} N_0 \\[2em] N < \dfrac{n}{n+1} N_1. \end{cases}$$

Telles sont les limites entre lesquelles il faudra choisir la valeur de N. Toutefois, pour que ces limites ne soient pas contradictoires, il faudra qu'on ait

$$\frac{n}{n-1} N_1 > \frac{n}{n-1} N_0 \quad \text{ou} \quad n > \frac{N_1 + N_0}{N_1 - N_0}.$$

Dans la pratique, les tiges qui supportent les boules du régulateur les traversent dans toute leur étendue, il en résulte qu'il faut prendre pour r qui entre dans K et K' le rayon de la boule. Mais ce rayon dépend lui-même du poids, car, en nommant D ce poids sous l'unité de volume, on a

$$(23) \ldots \qquad B = - \frac{4}{3} \pi r^3 D \; .$$

Je mets le signe (—), à cause qu'ici la quantité r est négative, étant comptée en sens inverse du prolongement de la tige. En éliminant B entre les relations (13) et (14) on aurait une équation du 5.e degré qui servirait à déterminer r; r étant connu, l'une ou l'autre des équations citées ferait connaître B. Mais ici l'on peut éviter l'emploi de l'équation du 5.e degré; pour cela, il suffira de prendre pour λ non pas SE' mais SO, et faisant par conséquent $r = o$ dans les relations qui contiennent cette quantité. Toutefois il doit être entendu que le point D sera alors le centre de gravité de SO et non pas de SE'; de même $D_{\prime}$ sera le point d'application de la force centrifuge sur SO, et non pas sur SE'. B étant connu, la relation entre le volume et le poids déterminera le rayon de la boule.

Mais on remarquera que la formule (13) donne le poids qui répond à l'équilibre, comme si la tige s'étendait jusqu'en O seulement; la valeur trouvée pour B est donc le poids de la boule supposée vide dans l'intervalle occupé par la partie OG de la tige. En second lieu, comme celle-ci s'étend jusqu'en E', c'est comme si l'on substituait de O jusqu'en E', la matière de la tige à celle de la boule; le poids de la boule telle qu'on l'emploiera, sera donc en erreur de la différence entre le poids de la matière de la boule occupée par OE' et le poids de OE', ce qui est une approximation certainement suffisante; d'ailleurs, on pourrait substituer ce poids dans les équations (10) et (12) du N.º 2, et l'on obtiendrait la valeur exacte de h.

On déterminerait de la même manière h' et h'' dont la différence ferait connaître la course verticale des boules, et par suite celle de la douille.

Calcul de B_0 ou de la limite inférieure du poids des boules.

La limite inférieure B_0 que nous avons employée précédemment n'est pas arbitraire. Il faut la déterminer sous la condition que s'il survient une

variation $\delta\omega$ de vitesse, les boules soient capables de vaincre la ré
sistance qu'opposent les leviers de manœuvre. Reprenons l'équation

$$h\,\omega^2 = g\,\frac{B + K}{B + K'}\;.$$

Si la vitesse de rotation devient $\omega + \delta\omega$, et que la résistance à
vaincre soit δM, K deviendra $K + \delta K$ et l'on aura, pour l'équation
de l'équilibre du système :

$$h\,(\omega + \delta\omega)^2 = g\,\frac{B + K + \delta K}{B + K'}\;.$$

Divisant cette équation par la précédente, on trouve

$$\left(1 + \frac{\delta\omega}{\omega}\right)^2 = 1 + \frac{\delta K}{B + K}\;;$$

développant, et résolvant par rapport à $B + K$, il vient

$$(24)\ldots\qquad B + K = \frac{\delta K}{\dfrac{\delta\omega}{\omega}\left(2 + \dfrac{\delta\omega}{\omega}\right)}\;.$$

δK étant donné, supposons qu'on veuille donner aux boules un poids
tel que la douille puisse mouvoir les leviers de manœuvre avant que
la vitesse ait varié de la quantité $\delta\omega = \dfrac{\omega}{n}$. Pour cela nous exa-
minerons les deux cas où $\delta\omega$ sera positif ou négatif.

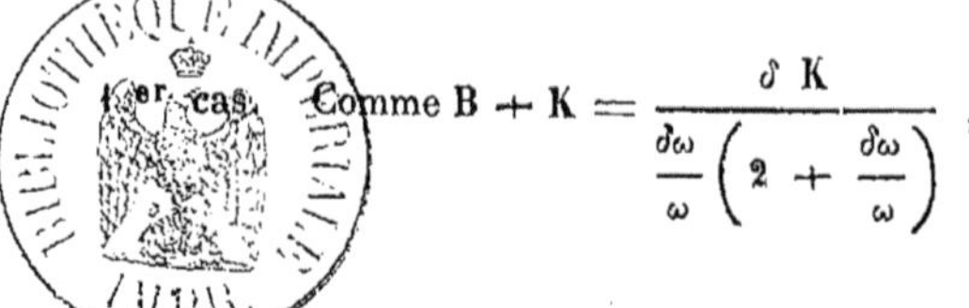

1er cas. Comme $B + K = \dfrac{\delta K}{\dfrac{\delta\omega}{\omega}\left(2 + \dfrac{\delta\omega}{\omega}\right)}$, si l'on remplace $\dfrac{\delta\omega}{\omega}$ par $\dfrac{1}{n}$, le deuxième membre deviendra trop

petit, et l'on aura, pour déterminer la limite inférieure de B

$$B + K > \frac{n^2}{2\,n\,+\,1}\;\delta K\;.$$

2.e cas. $\delta\omega$ étant négatif, il en sera de même de δK; alors, si l'on ne tient compte que des valeurs absolues de ces quantités, la valeur de $B + K$ sera

$$B + K = \frac{\delta K}{\dfrac{\delta\omega}{\omega}\left(2 - \dfrac{\delta\omega}{\omega}\right)}\;.$$

Mais le dénominateur de cette équation est une fonction croissante de $\delta\omega$, donc, si l'on remplace encore $\dfrac{\delta\omega}{\omega}$ par $\dfrac{1}{n}$, on aura

$$B + K > \frac{n^2}{2\,n\,-\,1}\;\delta K\;.$$

En comparant les deux valeurs précédentes de la limite inférieure de $B + K$, on voit qu'il suffira de prendre, dans tous les cas,

$$(25)\ldots\; B > \frac{n^2}{2n-1}\,\delta K - K\;;\;\text{par conséquent } B_0 = \frac{n^2}{2n-1}\,\delta K - K\;.$$

Il est facile de s'assurer, *à priori*, que toute valeur de B satisfaisant à la limite précédente, produira l'effet désiré. Pour le faire voir posons, pour abréger

$$\text{Fonct}\left(\frac{\delta\omega}{\omega}\right) = B + K - \frac{\delta K}{\dfrac{\delta\omega}{\omega}\left(2 + \dfrac{\delta\omega}{\omega}\right)}\;.$$

Si dans cette équation on fait $\delta\omega = o$, l'on a fonct. $\left(\dfrac{\delta\omega}{\omega}\right) < o$.

Ensuite, si l'on pose $\dfrac{\delta\omega}{\omega} = \dfrac{1}{n}$ il vient fonct $\left(\dfrac{\delta\omega}{\omega}\right) > o$. Par conséquent, entre $\delta\omega = o$, et $\delta\omega = \dfrac{\omega}{n}$, il existe une valeur de $\delta\omega$ pour laquelle fonct $\left(\dfrac{\delta\omega}{\omega}\right) = o$; de sorte que, pour cette valeur de la variation de la vitesse, le régulateur pourra soulever la résistance à vaincre.

On voit par la formule (25) que B sera d'autant plus grand que le nombre n, que j'appellerai *coefficient de sensibilité* sera lui-même plus grand.

Quant à la valeur de δK, elle se déduit sans peine de la formule (13) du N.° 2, laquelle donne, en faisant comme précédemment $r = o$,

$$(26). \quad . \qquad \delta K = \frac{l}{\lambda}\, \delta M .$$

Si l'on suppose par exemple $\delta M = 2^{\text{kil.}} 5$, et qu'on adopte les données de l'exemple ci-après, on trouve d'abord $\delta K = \frac{5}{4}$; la formule (25) donne ensuite $B_o = 13^{\text{kil.}} 76$.

FORMULES A EMPLOYER DANS LA PRATIQUE POUR LE CALCUL D'UN RÉGULATEUR, ALORS QUE LES TIGES SONT CYLINDRIQUES.

4. — Nommons D le poids de la matière des tiges sous l'unité de volume, p le rayon des tiges l, p' celui des tiges λ, on aura

$$L = \pi\, p^2\, l\, D, \quad T = \pi\, p'^2\, \lambda\, D ;$$

et la valeur de K deviendra, en y faisant $r = o$

$$(1)... \qquad K = \frac{2\, M\, l + \pi\, D\, (3\, p^2\, l^2 + p'^2\, \lambda^2)}{2\, \lambda} .$$

Si $p' = p$.

$$(2)\dots \qquad K = \frac{2\,M\,l + \pi\,D\,p^2\,(3\,l^2 + \lambda^2)}{2\,\lambda}\,.$$

On aura de même

$$(3)\dots \qquad K' = \frac{\pi\,D\,(p^2\,l^3 + p'^2\,\lambda^3)}{3\,\lambda^2}\,,$$

et dans le cas de $p' = p$

$$(4)\dots \qquad K' = \frac{\pi\,p^2\,D\,(l^3 + \lambda^3)}{3\,\lambda^2}\,.$$

Les autres formules à employer seront, en les rangeant dans l'ordre suivant lequel on pourra les calculer,

$$(5)\dots \qquad \frac{h'_o}{h''_o} < \left(\frac{n-1}{n+1}\right)^2$$

$$(6)\dots \qquad \begin{cases} \gamma > \dfrac{8\,n}{(n-1)^2}\,\dfrac{l}{\lambda}\,h'_o \\[2ex] \gamma < \dfrac{8\,n}{(n+1)^2}\,\dfrac{l}{\lambda}\,h''_o \end{cases}\,.$$

$$(7)\dots \qquad c = \frac{\lambda}{2\,\lambda}\,\gamma$$

$$(8)\dots \qquad \begin{cases} N > \dfrac{60}{\pi}\left(\dfrac{n}{n^2-1}\right)\sqrt{\dfrac{ng}{c}\,\dfrac{B_1 + K}{B_1 + K'}} \\[2ex] N < \dfrac{60}{\pi}\left(\dfrac{n}{n^2-1}\right)\sqrt{\dfrac{ng}{c}\,\dfrac{B_o + K}{B_o + K'}} \end{cases}$$

$$9)\ldots B = \frac{K\,ng - K'\,c\,\dfrac{\pi^2 N^2}{3600}\left(\dfrac{n^2 - 1}{n}\right)^2}{\dfrac{n^2 N^2}{3600}\left(\dfrac{n^2 - 1}{n}\right)^2 c - ng}$$

$$(10)\ldots\quad\begin{cases} h = \dfrac{(n^2 - 1)^2}{4\,n^3}\,c \\[2ex] h' = \dfrac{(n - 1)^2}{4\,n}\,c \\[2ex] h'' = \dfrac{(n + 1)^2}{4\,n}\,c \end{cases}$$

$$(11)\ldots\quad\begin{cases} h_{\text{\tiny I}} = \dfrac{2\,l}{\lambda}\,h \\[2ex] h_{\text{\tiny I}}{}' = \dfrac{2\,l}{\lambda}\,h' \\[2ex] h_{\text{\tiny I}}{}'' = \dfrac{2\,l}{\lambda}\,h'' \end{cases}$$

$$(12).\,\delta h = -\frac{900\,g}{\pi^2 N^2}\,\frac{\rho}{\lambda\sin\varphi}\left(1 + \frac{K}{B}\right) - \frac{\pi\,D\,h\,\rho}{2\,B\,\lambda^2\sin\varphi}\left(p'^2\lambda^2 + p^2 l^2 - \frac{2}{3}\,\frac{p'^2\lambda^3 + p^2 l^3}{\lambda}\right)$$

si $p' = p$

$$(13).\,\delta h = -\frac{900\,g}{\pi^2 N^2}\,\frac{\rho}{\lambda\sin\varphi}\left(1 + \frac{K}{B}\right) - \frac{\pi\,p^2\,D\,h\,\rho}{2\,B\,\lambda^2\sin\varphi}\left(\lambda^2 + l^2 - \frac{2}{3}\,\frac{\lambda^3 + l^3}{\lambda}\right);$$

négligeant le 2.$^\text{e}$ terme

$$(14)\ldots\quad \delta h = -\frac{900\,g}{\pi^2 N^2}\,\frac{\rho}{\lambda\sin\varphi}\left(1 + \frac{K}{B}\right).$$

On voit par là que la même correction conviendra, à très-peu près, aux deux hauteurs extrêmes h', h''.

La première des équations (11) donne

$$(15)\dots \qquad \delta h_1 = \frac{2\,l}{\lambda}\,\delta h\,.$$

Appliquons ces formules à un exemple numérique. Supposons

$$\lambda = 0{,}75,\ l = 0{,}50,\ \rho = 0{,}02,\ p = 0{,}02,\ n = 30,\ M = 3^{kil}$$

Si les tiges sont en cuivre, on aura $D = 8788$.

Si nous prenons $h_0'' = 0{,}6$, la formule (5) donnera

$$h_0' < 0^m{,}525$$

Nous prendrons $h_0' = 0^m{,}50$.

On tire ensuite de la formule (6)

$$\gamma > 0^m{,}095$$

$$\gamma < 0^m{,}0999.$$

Nous adopterons $\qquad \gamma = 0^m{,}096$

Après cela, on a par la formule (7)

$$c = 0^m{,}072.$$

Prenant pour les limites de B, $B_0 = 15^{kil.}$, $B_1 = 60^{kil}$, les formules (8) donneront

$$\begin{cases} N > 43{,}6 \\ N < 48{,}81\,. \end{cases}$$

Nous adopterons $N = 47$. Alors par la formule (9) on trouve

$$B = 20^k{,}87.$$

On déduit ensuite des relations (10) et (11)

$$h = 0^{\mathrm{m}},5388 \qquad h_{_\mathrm{I}} = 0^{\mathrm{m}},7184$$
$$h' = 0^{\mathrm{m}},5046 \qquad h_{_\mathrm{I}}' = 0^{\mathrm{m}}.6728$$
$$h'' = 0^{\mathrm{m}},5766 \qquad h_{_\mathrm{I}}'' = 0^{\mathrm{m}},7688.$$

En calculant les deux termes de la formule (13), on obtient

$$1.^{\mathrm{er}}\ \text{terme} = -\ 0^{\mathrm{m}},0242$$
$$2.^{\mathrm{e}}\ \text{terme} = -\ 0^{\mathrm{m}},0024$$
$$\text{d'où } \delta h = -\ 0^{\mathrm{m}},0266.$$

Enfin, la formule (15) donne pour la correction de $h_{_\mathrm{I}}$,

$$\delta h_{_\mathrm{I}} = -\ 0^{\mathrm{m}},0355.$$

Résultats définitifs.

$$N = 47,\ B = 20^{\mathrm{k}},87 \qquad h = 0^{\mathrm{m}},5122 \qquad h_{_\mathrm{I}} = 0^{\mathrm{m}},6829$$
$$h' = 0^{\mathrm{m}},478 \qquad h_{_\mathrm{I}}' = 0^{\mathrm{m}},6373$$
$$\gamma = 0^{\mathrm{m}},096,\ c = 0^{\mathrm{m}},072, \qquad h'' = 0^{\mathrm{m}},55 \qquad h_{_\mathrm{I}}'' = 0^{\mathrm{m}},7333$$

Nous ferons remarquer que si dans la formule (10) du N.° 2, on suppose nul le poids des tiges, on aura simplement

$$h = \frac{g}{\omega^2} = \frac{900\ g}{\pi^2\ N^2}.$$

Si dans cette formule on fait $N = 47$, il vient

$$h = 0^{\mathrm{m}},4049$$

tandis que la valeur exacte de h est

$$h = 0^{\mathrm{m}},5122.$$

L'erreur commise est donc environ de $0^{\mathrm{m}},11$.

Nous observerons encore que, si dans la valeur (9) de B, on fait

$K' = o$, ce qui revient à faire abstraction de la force centrifuge sur les tiges, on trouve

$$B = 35^k,2724.$$

Le terme dû à l'action de la force centrifuge sur les tiges, diminue donc la valeur de B de $14^k,4024$.

On voit par là que le poids des tiges, ainsi que l'action que la force centrifuge exerce sur elles, ne sont pas généralement des quantités négligeables.

Proposons-nous, pour deuxième exemple, de calculer la hauteur h *qui répond à un poids de boules capable de soulever une résistance donnée.* **Prenons**

$$\lambda = 0^m,75, \ l = 0^m,50, \ p = 0^m,005, \ 'p = 0^m,02, \ n = 60,$$
$$M = 2^{kil}, \ \delta M = 1^{kil}, \ D = 8788, \ h'_0 = 0^m,50, \ h''_0 = 0^m,60.$$

Les formules (2) et (4) donnent d'abord

$$K = 0^m,603932, \ K' = 0,225678.$$

On déduit ensuite de l'équation (25) du N.° précédent $B_0 = 19^{kil},564$; et comme on doit avoir $B > B_0$ nous prendrons $B = 20^{kil}$.

Les inégalités (22 bis) du N.° cité donnent à leur tour

$$\left\{ \begin{array}{l} N > 38,97 \\ N < 42,69 \end{array} \right. \text{ d'où l'on tire à l'aide des relations (22 ter) du même N}^o \left\{ \begin{array}{l} N > 39,63 \\ N < 41,99. \end{array} \right.$$

Adoptant $N = 40$, on obtient, par la première des équations (1) du N.° (3)

$$h = 0^m,5695.$$

Cette valeur substituée dans la première des équations (11) du présent numéro, donne

$$h_1 = 0^m,7594.$$

Enfin, à l'aide des relations (14) et (15) on trouve

$$\delta h = - \; 0^{\mathrm{m}},0024 \,, \quad \delta h_{1} = - \; 0^{\mathrm{m}},0032.$$

Et l'on voit que ces corrections sont ici sans importance.

RÉGULATEUR A TIGES OPPOSÉES.

5. — Dans certains pendules coniques, les tiges qui portent les boules sont prolongées de l'autre côté du centre fixe M′ de rotation, soit en ligne droite, soit sous un angle θ que nous supposons peu différent de 180°; nous compterons l'angle θ comme on l'a marqué sur la figure (3) de sorte qu'on aura, en désignant par ε un petit angle positif ou négatif

$$(1)\ldots \qquad \theta = 180^{\circ} + \varepsilon.$$

On peut remarquer avant d'aller plus loin que les angles $\varphi, \varphi', \varphi''$ sont liés par les relations

$$(2).\,.\, \quad \left\{ \begin{array}{l} \sin \varphi' = - \sin (\varphi + \theta) \\[4pt] \cos \varphi' = - \cos (\varphi + \theta) \\[4pt] \sin \varphi'' = - \left\{ \dfrac{\rho}{l} + \sin (\varphi + \theta) \right\}. \end{array} \right.$$

L'on a aussi, en vertu de l'équation, (1)

$$(3).\,.\, \quad \left\{ \begin{array}{l} \sin (\varphi + \theta) = - \sin (\varphi + \varepsilon) \\[4pt] \cos (\varphi + \theta) = - \cos (\varphi + \varepsilon). \end{array} \right.$$

Adoptant la même notation que précédemment, on obtient pour les actions centrifuges résultantes qui agissent sur les boules et sur les tiges

$$(4)\ldots \quad \left\{ \begin{array}{l} F = \dfrac{B}{g}\, \omega^{2}\, (\lambda + r)\, \sin \varphi \\[10pt] F' = \dfrac{1}{2}\dfrac{L}{g}\, \omega^{2} \left[\rho - l \sin (\varphi + \theta) \right] \\[10pt] F'' = \dfrac{1}{2}\dfrac{T}{g}\, \omega^{2}\, \lambda \sin \varphi \\[10pt] F''' = - \dfrac{1}{2}\dfrac{L}{g}\, \omega^{2}\, l \sin (\varphi + \theta). \end{array} \right.$$

De la valeur de F′ on déduit aussi sans peine (1)

$$(5)\dots \qquad X = \frac{1}{6}\,\frac{\omega^2}{g}\,L\,l\left(\frac{\rho}{l} - 2\,\sin(\varphi+\theta)\right).$$

Après cela, on trouve successivement que les travaux élémentaires des diverses forces qui sollicitent le système ont pour valeurs ,

$$(6)\quad\begin{cases}
\mathfrak{S}.\,2\,F = 2\dfrac{B}{g}\,\omega^2\,(\lambda+r)^2\,\sin\varphi\,\cos\varphi\,\partial\varphi \\[2ex]
\mathfrak{S}.\,2\,X = -\dfrac{1}{3}\,\dfrac{\omega^2}{g}L\,l\,\cos(\varphi+\theta)\left\{\rho - 2\,l\,\sin(\varphi+\theta)\right\}\partial\varphi \\[2ex]
\mathfrak{S}.\,2\,Y = o \\[2ex]
\mathfrak{S}\,2\,F'' = \dfrac{2}{3}\,\dfrac{T}{g}\,\omega^2\,\lambda^2\,\sin\varphi\,\cos\varphi\,\partial\varphi \\[2ex]
\mathfrak{S}.\,2\,F''' = \dfrac{2}{3}\,\dfrac{L}{g}\,\omega^2\,l^2\,\sin(\varphi+\theta)\,\cos(\varphi+\theta)\,\partial\varphi \\[2ex]
\mathfrak{S}.\,2\,B = -\,2\,B\,(\lambda+r)\,\sin\varphi\,\partial\varphi \\[2ex]
\mathfrak{S}.\,2\,T = -\,T\,\lambda\,\sin\varphi\,\varphi\partial\varphi \\[2ex]
\mathfrak{S}.\,2\,L = -\,L\,l\,\sin(\varphi+\theta)\,\partial\varphi \\[2ex]
\mathfrak{S}.\,2\,(\tfrac{1}{2}\,L) = -\,L\,l\,\sin(\varphi+\theta)\,\partial\varphi.\qquad\text{Enfin} \\[2ex]
\mathfrak{S}\,(M+L) = -\,2l\,(M+L)\,\sin(\varphi+\theta)\,\partial\varphi - (M+L)\,\rho\,(1+\overset{2}{tang}\,\varphi)\,\partial\varphi
\end{cases}$$

En effet ,

$$\mathfrak{S}.\,(M+L) = (M+L)\,MC\,;$$

Mais

$$MM' = l\,(\cos\varphi' + \cos\varphi'')\,;$$

D'ailleurs, la dernière des équations (2) donne, aux quantités près de l'ordre de ρ

$$(7)\dots \qquad \cos\varphi'' = -\,\cos(\varphi+\theta) + \frac{\rho}{l}\,tang\,(\varphi+\theta).$$

Substituant dans l'expression de MM′ les valeurs de $\cos \varphi'$, $\cos \varphi''$ il vient

$$(8)\ldots \qquad \mathrm{MM}' = -\, 2\, l \cos(\varphi + \theta) + \rho\, tang\, (\varphi + \theta)\,;$$

de là on tire, en négligeant les quantités de 2.e ordre par rapport à ρ et à ε

$$\delta.\ \mathrm{MM}' = 2\, l \sin(\varphi + \theta)\, \delta\varphi - \rho\, (1 + \overset{2}{tang}\, \varphi)\, \delta\varphi.$$

Et comme $\delta.\ \mathrm{MM}'$ est la variation algébrique de MM′, on a finalement, en observant que $\mathrm{MC} = -\, \delta.\ \mathrm{MM}'$.

$$\mathrm{MC} = -\, 2\, l \sin(\varphi + \theta)\, \delta\varphi - \rho\, (1 + \overset{2}{tang}\, \varphi)\, \delta\varphi.$$

Cette valeur substituée dans celle de $\mathfrak{C}\ (\mathrm{M} + \mathrm{L})$ donne la dernière des équations (6). Maintenant si l'on égale à zéro, la somme des travaux des forces, on est conduit à l'équation

$$(9)\ldots\ h + \frac{\mathrm{T}\,\lambda^{2}}{3\mathrm{B}(\lambda+r)^{2}}\, h + \frac{\mathrm{L}l^{2} \sin 2\,(\varphi+\theta)}{3\,\mathrm{B}\,(\lambda+r)\sin\varphi} - \frac{1}{6}\, \frac{\mathrm{L}l\,\rho\, \cos(\varphi+\theta)}{\mathrm{B}(\lambda+r)\sin\varphi} =$$

$$= \frac{g}{\omega^{2}} + \frac{g}{\omega^{2}}\, \frac{\mathrm{T}\lambda\sin\varphi + 2l(\mathrm{M}+2\mathrm{L})\sin(\varphi+\theta) + (\mathrm{M}+\mathrm{L})\,\rho\,(1+\overset{2}{tang}\,\varphi)}{2\mathrm{B}\,(\lambda+r)\sin\varphi}\ .$$

Remarquons, avant d'aller plus loin, que le 4.e terme de l'équation (9) devient, en négligeant les quantités du 2.e ordre par rapport à ρ et à ε

$$+ \frac{1}{6}\, \frac{\mathrm{L}\,l\,\rho\,h}{\mathrm{B}\,(\lambda + r)^{2} \sin\varphi}\ ;$$

par suite, l'équation citée se transforme dans la suivante :

$$(10).\ h + \frac{\mathrm{T}\lambda^{2}}{3\,\mathrm{B}\,(\lambda+r)^{2}}\, h + \frac{\mathrm{L}l^{2} \sin 2(\varphi+\theta)}{2\mathrm{B}(\lambda+r)\sin\varphi} + \frac{1}{6}\, \frac{\mathrm{L}l\,\rho\,h}{\mathrm{B}(\lambda+r)^{2} \sin\varphi} = \frac{g}{\omega^{2}}$$

$$+ \frac{g}{\omega^{2}}\, \frac{\mathrm{T}\lambda\sin\varphi + 2\,l\,(\mathrm{M}+2\,\mathrm{L})\sin(\varphi+\theta) + (\mathrm{M}+\mathrm{L})\,\rho\,(1+\overset{2}{tang}\,\varphi)}{2\,\mathrm{B}\,(\lambda+r)\sin\varphi}$$

Si dans cette équation on fait $\varphi = 180°$, $\rho = o$, on obtient

$$(11). \quad h\left(1 + \frac{T \lambda^2 + 2 L l^2}{3 B (\lambda + r)^2}\right) = \frac{g}{\omega^2}\left(1 + \frac{T \lambda - 2 (M + 2L) l}{2 B (\lambda + r)}\right),$$

laquelle serait rigoureusement exacte si les tiges supérieures étaient le prolongement de celles qui portent les boules, et si le point de rotation sur la douille pouvait être placé sur l'axe du régulateur. Si, entre les tiges qui portent les boules et les autres tiges du système, on établit la relation

$$(12)\ldots \qquad T \lambda = 2 (M + 2 L) l,$$

l'équation (11) se simplifiera et deviendra

$$(13)\ldots \qquad h\left(1 + \frac{T \lambda^2 + 2 L l^2}{2 B (\lambda + r)^2}\right) = \frac{g}{\omega^2}.$$

Si l'on pose, pour abréger,

$$(14)\ldots \qquad K = \frac{T \lambda - 2 (M + 2 L) l}{2 (\lambda + r)}$$

$$(15)\ldots \qquad K' = \frac{T \lambda^2 + 2 L l^2}{3 (\lambda + r)^2}$$

l'équation citée prend la forme

$$(16)\ldots \qquad h\, \omega^2 (B + K') = g (B + K).$$

Mais ici l'on a comme au N.° 4,

$$L = \pi p^2 l D, \quad T = \pi p'^2 \lambda D,$$

par suite, les valeurs ci-dessus de K et de K' deviennent, en y faisant $r = o$,

$$(17)\ldots \qquad K = \frac{\pi D (p'^2 \lambda^2 - 4 p^2 l^2) - 2 M l}{2 \lambda}$$

$$(18)\ldots \qquad K' = \frac{\pi D \left(p'^2 \lambda^3 + 2 p^2 l^3 \right)}{3 \lambda^2}$$

et si $p' = p$

$$(19)\ldots \qquad K = \frac{\pi p^2 D \left(\lambda^3 - 4 l^3 \right) - 2 M l}{2 \lambda}$$

$$(20)\ldots \qquad K' = \frac{\pi p^2 D \left(\lambda^3 + 2 l^3 \right)}{3 \lambda^2}.$$

Si l'on fait servir l'équation (10) à la détermination de la correction δh de h, on trouvera, en faisant $r = o$

$$(21).\ \ \delta h = - \frac{\varepsilon}{(B+K') \lambda \sin \varphi} \left\{ \frac{2}{3} L l^2 \cos 2\varphi + \frac{g}{\omega^2} \frac{l h (M+2L)}{\lambda} \right\} -$$

$$- \frac{5}{2 (B+K') \lambda \sin \varphi} \left\{ \frac{1}{3} L \frac{l}{\lambda} h - \frac{g}{\omega^2} (M+L) (1 + tang^2 \varphi) \right\}.$$

On calculera cette formule en y substituant les valeurs de h et de φ qui résultent de la première approximation, et en ayant égard à la valeur ci-dessus de L.

L'équation (16) ayant la même forme que les équations (1) du N.° 3 conduira aux mêmes conséquences; seulement les valenrs de K et de K' ne seront pas les mêmes dans les deux cas.

Si l'on nomme $h_{\scriptscriptstyle I}$ la hauteur de la douille, on aura d'abord en vertu des équations (8) et (3),

$$h_{\scriptscriptstyle I} = 2 l \cos (\varphi + \varepsilon) + \rho\ tang\ (\varphi + \varepsilon).$$

Développant et négligeant les termes du second ordre par rapport à ρ et ε, il vient

$$h_{\scriptscriptstyle I} = 2 l \cos \varphi + \rho\ tang\ \varphi - 2 l \varepsilon \sin \varphi.$$

Mais $\cos \varphi = \dfrac{h}{\lambda}$, donc

$$(22)\ldots \qquad h_{1} = 2\,\frac{l}{\lambda}\,h + \rho\,tang\,\varphi - 2\,l\,\varepsilon\,\sin\varphi.$$

On aura de même pour les valeurs extrêmes de la hauteur de la douille, et en négligeant les variations de l'angle φ,

$$(23)\ldots \qquad h'_{1} = 2\,\frac{l}{\lambda}\,h' + \rho\,tang\,\varphi - 2\,l\,\varepsilon\,\sin\varphi,$$

$$(24)\ldots \qquad h_{1}'' = 2\,\frac{l}{\lambda}\,h'' + \rho\,tang\,\varphi - 2\,l\,\varepsilon\,\sin\varphi,$$

On tire des équations (23) et (24)

$$(25)\ldots \qquad \gamma = 2\,\frac{l}{\lambda}\,c.$$

Après cela, on trouvera comme au N.° 4 ,

$$(26)\ldots \qquad
\begin{cases}
h = \dfrac{(n^{2} - 1)^{3}}{4\,n^{3}}\,c \\[2mm]
h' = \dfrac{(n - 1)^{2}}{4\,n}\,c \\[2mm]
h'' = \dfrac{(n + 1)^{2}}{4\,n}\,c
\end{cases}$$

$$(27)\ldots \qquad \frac{h'_{0}}{h''_{0}} < \left(\frac{n - 1}{n + 1}\right)^{2}$$

$$(28)\ldots \qquad
\begin{cases}
\gamma > \dfrac{8\,n}{(n - 1)^{2}} \cdot \dfrac{l}{\lambda}\,h'_{0} \\[3mm]
\gamma < \dfrac{8\,n}{(n + 1)^{2}} \cdot \dfrac{l}{\lambda}\,h''_{0}
\end{cases}$$

$$(29)\dots\begin{cases} N > \dfrac{60}{\pi}\cdot\left(\dfrac{n}{n^2-1}\right)\sqrt{\dfrac{ng}{c}\,\dfrac{B_1+K}{B_1+K'}} \\[2em] N < \dfrac{60}{\pi}\left(\dfrac{n}{n^2-1}\right)\sqrt{\dfrac{ng}{c}\,\dfrac{B_0+K}{B_0+K'}} \end{cases}$$

$$(30)\dots\quad B = \dfrac{K\,ng - K'\,c\,\dfrac{\pi^2 N^2}{3600}\left(\dfrac{n^2-1}{n}\right)^2}{\dfrac{\pi^2 N^2}{3600}\left(\dfrac{n^2-1}{n}\right)^2\bar{c} - ng}\,.$$

Pour calculer un pendule conique à tiges prolongées, on commencera par obtenir K et K'; ayant adopté une certaine valeur pour h_0'', la relation (27) dirigera dans le choix de h'_0; ensuite, les équations (28) feront connaître les limites de γ. Ayant adopté pour γ une valeur comprise entre ces limites, on s'en servira pour calculer c au moyen de la formule (25). c étant connu, les inégalités (29) feront connaître les limites de N. Ayant choisi la valeur de N, la relation (30) déterminera B. Au moyen des équations (26) on obtiendra h, h', h''. On corrigera ces valeurs à l'aide de la formule (24), et en adoptant pour h' et h'' les mêmes corrections que pour h. Enfin, les formules (22), (23), (24) feront connaître la hauteur moyenne et les hauteurs extrêmes de la douille.

Installation d'un Régulateur.

Le calcul d'un régulateur ayant été fait comme il a été dit précédemment, il ne s'agit plus que de l'installer. Supposons, pour fixer les idées, que la machine qu'il doit régler soit une machine à vapeur. Sur l'axe du régulateur on marquera, d'une manière quelconque, par exemple au moyen d'une ligne rouge, la position que doit occuper la douille sous la vitesse de régime. Cela fait, ayant l'œil fixé sur l'appareil, on ouvrira ou l'on fermera à la main, le conduit de la vapeur jusqu'à ce que la douille arrive et se maintienne sur le trait rouge. A ce moment, le papillon aura la position qu'il doit avoir pour laisser passer, sous la pression qu'on suppose donnée, la quantité de vapeur nécessaire au mouvement normal de la machine. C'est dans cette position qu'il devra être librement attaché à la douille par les leviers de manœuvre. Alors si la vitesse de la machine augmente ou diminue, le papillon fermera, ou bien ouvrira le conduit de la vapeur, et comme d'ailleurs la course de la douille a pu être choisie à volonté, le pendule conique, ainsi installé, réglera la force motrice avec toute la précision désirable.

Dans l'exemple numérique traité précédemment, nous avons supposé que les tiges étaient cylindriques dans toute leur étendue, ce qui nous a permis de calculer leur poids. Si elles s'écartaient trop de cette forme, il serait préférable de les peser avec soin, pour avoir L et T. Quant aux longueurs l et λ elles s'obtiendront en les comptant des centres de rotation.

ÉTUDES

SUR LES ACCROISSEMENTS DE FORCE

DANS LES MACHINES DE WOLF,

Par M. MAHISTRE, Membre de la Société des Sciences de Lille.

1. La plupart des machines à vapeur qui fonctionnent dans les manufactures de la ville de Lille sont des machines de Wolf, qui ne détendent que dans le grand cylindre. Cette disposition est-elle favorable ? Y aurait-il des avantages réels, sous le rapport de la force et de l'économie à donner de la détente dans le petit cylindre ? La théorie démontre que pour chaque pression dans le générateur, il y a une détente qui donne le maximum d'effet sans accroissement de vaporisation ; mais des calculs faits sur des machines établies étaient nécessaires pour vérifier si les accroissements de force qu'on pouvait obtenir, soit par un changement de détente, soit par un accroissement de vaporisation, avaient une véritable importance industrielle. Les résultats ci-après montreront combien sont grandes les ressources qu'on peut trouver dans une machine à vapeur (*).

(*) Nous supposerons, dans tout ce qui va suivre, que les chaudières seront capables de fournir les quantités de vapeur dont on aura besoin.

2. MACHINE DE M. CHARLET, FERBLANTIER - CONSTRUCTEUR, RUE D'ANGLETERRE, A LILLE.

Données.

Rayon du petit cylindre............ $r = 0{,}0415$,

Section droite du petit cylindre...... $a = 0{,}005411$,

Course du piston du petit cylindre... $l = 0{,}266$,

Liberté du petit cylindre............ $c = 0{,}03$,

Épaisseur du piston du petit cylindre... $\varepsilon = 0{,}04$,

Rayon du grand cylindre........... $r_{\mathrm{I}} = 0{,}06275$,

Section droite du grand cylindre..... $a_{\mathrm{I}} = 0{,}01237$,

Course du piston du grand cylindre... $l_{\mathrm{I}} = 0{,}344$,

Liberté du grand cylindre........... $c_{\mathrm{I}} = 0{,}03$,

Pression dans le générateur en kil. sur un mètre carré.............. $P = 31005 = 3$ atm.,

Pression dans le condenseur en kil. sur un mètre carré................ $\varpi = 2175{,}79 = \dfrac{4}{19}$ atm.,

Vitesse moyenne du piston du petit cylindre en une minute............ $v = 39{,}9$ ou 75 tours par minute.

Etat de régime.

Vaporisation par heure............ $= 23{,}373$.

Charbon correspondant ; en supposant qu'un kilog. de charbon produise six kilog. de vapeur.............. $= 3{,}895$,

Force brute de la machine........... $= 2{,}76$

Charbon brûlé par heure et par force
de cheval................... $= 1,41$ kil.

Travail produit par un kilog. de vapeur $= 31904$ km.

Pression de la vapeur au moment où
elle va se condenser............ $\pi = 10583,3$ kil $= 1.024$ atm.

Accroissements de force.

1.er *mode*. Consistant à conserver à la machine sa vitesse de
régime, et à porter la pression à cinq atmosphères, N.° du timbre de
la chaudière.

Accroissement de vaporisation par heure.. $= 15,202$ kil

Charbon correspondant.............. $= 2,534$ kil

Accroissement de force.............. $= 2,05$ ch

Charbon brûlé par heure et par force de
cheval d'augmentation.............. $= 1,236$ kil

Pression de la vapeur au moment où elle
va se condenser................... $= 17824,1$ kil $= 1,724$ atm.

2.e *mode*. Consistant à conserver la même dépense, la même
vitesse, et à porter la pressoin à cinq atmosphères.

Course d'admission de la vapeur..... $0,1394$ m

Accroissement de force........... $0,645$ ch environ 23 %.

Accroissement de force pour chaque tour
de plus par minute............ $0,045$ ch

Accroissement de dépense de charbon
par heure et pour chaque tour de plus
par minute.................. $0,052$ kil.

3.e *mode*. Détente du maximum d'effet, en supposant la même
pression et la même dépense que dans l'état de régime.

Course d'admission de la vapeur...... $l' = 0{,}053^{\text{m}}$

Accroissement de force............ $= 1{,}02^{\text{ch}}$ environ 37 $^{\circ}/_{\text{o}}$

Pression de la vapeur au moment où elle va se condenser................. $= 2566{,}39^{\text{kil}} = 0{,}248^{\text{atm}}.$

3. MACHINE DE M. COX, FILATEUR, A LA LOUVIÈRE LEZ-LILLE.

Données.

$$r = 0{,}17^{\text{m}} \qquad r_{\text{I}} = 0{,}276^{\text{m}} \qquad P = 36172{,}5^{\text{kil}} = 3\frac{1}{2}\ \text{atm}.$$

$$a = 0{,}0907921^{\text{mq}} \qquad a_{\text{I}} = 0{,}239314^{\text{mq}} \qquad \varpi = 2175{,}79^{\text{kil}} = \frac{4}{19}\ \text{atm}.$$

$$l = 1{,}06^{\text{m}} \qquad l_{\text{I}} = 1{,}521^{\text{m}}$$

$$c = 0{,}08^{\text{m}} \qquad c_{\text{I}} = 0{,}08^{\text{m}}$$

$$\varepsilon = 0{,}12^{\text{m}} \qquad v = 55{,}12^{\text{m}} \ \text{ou 26 tours par minute}.$$

État de régime.

Vaporisation par heure............... $= 619{,}284^{\text{kil}}$

Charbon correspondant............... $= 103{,}214^{\text{kil}}$

Force brute de la machine............ $= 83{,}47^{\text{ch}}$

Charbon brûlé par heure et par force de cheval..................... $= 1{,}236^{\text{kil}}$

Travail produit par un kilog. de vapeur... $= 36391^{\text{km}}$

Pression de la vapeur au moment où elle va se condenser................. $= 9434{,}31^{\text{kil}} = 0{,}91^{\text{atm}}.$

Accroissements de force.

1.er *mode.* Consistant à conserver à la machine sa vitesse de régime, et à porter la pression à $4\frac{3}{4}$ atmosphères.

Accroissement de vaporisation par heure.. $= 216,467$ kil

Charbon correspondant................ $= 36,1$ kil

Accroissement de force................ $= 33,25$

Charbon brûlé par heure et par force de cheval d'augmentation. .... $= 1,086$ kil

Pression de la vapeur au moment où elle va se condenser................. $= 12957,46 = 1,25$ kil / atm.

2.ᵉ *mode*. Consistant à conserver la même dépense, à porter la pression à cinq atmosphères numéro du timbre de la chaudière, et à donner à la vapeur une course d'admission ayant pour valeur $l' = 0^m,6844$.

Vitesse de la machine.............. $= 27,3$ tours par minute.

Accroissement de force........... $= 15,55$, environ 19 %. ch

Accroissement de force pour chaque révolution de plus par minute, à partir de 27,3.................... $= 3,627$ ch

Accroissement de dépense de charbon par heure et pour chaque révolution de plus, id.................. $= 3,781$ kil

Pression de la vapeur au moment où elle va se condenser............... $= 8947,37 = 0,86$ kil / at.

3.ᵉ *mode*. Détente du maximum d'effet, pour la même pression et la même dépense que dans l'état de régime.

Course d'admission de la vapeur......... $= 0,3015$

Accroissement de force............... $= 18,96$ environ 23 % ch

Pression de la vapeur au moment où elle va se condenser............... $= 2961,3 = 0,29$ kil / at.

4.ᵉ *mode*. Détente du maximum d'effet, en supposant la même dépense que dans l'état de régime, et la pression portée à cinq atmosphères.

Course d'admission de la vapeur. ...... $= 0,2273^{\text{m}}$

Accroissement de force, ... $= 28.52^{\text{ch}}$ environ $34\,^o/_o$

Pression de la vapeur au moment où elle va se condenser. .... $= 3208,55^{\text{kil}} = 0,31^{\text{atm}}.$

5.ᵉ *mode*. Consistant à diminuer la vitesse de deux tours par minute et à porter la pression à $4\,\frac{3}{4}$ atmosphères.

Accroissement de vaporisation par heure. $= 152,2^{\text{kil}}$

Charbon correspondant. .... $= 25,4^{\text{kil}}$

Accroissement de force. .... $= 18,14^{\text{ch}}$

Charbon brûlé par heure et par cheval d'augmentation. .... $= 1,046^{\text{kil}}$

Pression de vapeur au moment où elle va se condenser. .... $= 12957,46^{\text{kil}} = 1,25^{\text{at}}.$

Économie de combustible en conservant à la machine sa force de régime.

1.ᵉʳ *mode*. On conserve la pression normale, et l'on prend pour course d'admission de la vapeur $l' = 0^{\text{m}},6844$.

Vitesse de la machine. .... $= 34,5$ tours par minute.

Vaporisation par heure... ..... $= 550,655^{\text{kil}}$

Charbon correspondant. .... $= 91,776^{\text{kil}}$

Économie de charbon en 12 heures $= 137,256^{\text{kil}} = 1,7157^{\text{hectol}}$ environ.

Pression de la vapeur au moment où elle va se condenser. ...... $= 6112,31^{\text{kil}} = 0,59^{\text{atm}}.$

2.ᵉ *mode.* On conserve la pression de régime, et l'on prend pour course d'admission de la vapeur, la moitié de la course du piston du petit cylindre.

Vitesse de la machine. . . . . $= 41,25$ tours par minute.

Vaporisation par heure. . . . . $= 526,898$ kil

Économie de charbou en 12 heures. . . . $= 196,776 = 2,4597$ kil / hectol

Pression de la vapeur au moment où elle va se condenser. . . . . $= 4746,41 = 0,46.$ kil / atm

Charges moyennes des pistons dans l'état de régime.

Charge du piston du petit cylindre. . . . . $= 1746,688$ kil

Charge du piston du grand cylindre. . . . . $= 3532,065$ kil

Charge totale . . . . $= 5278,753$ kil

Chemin décrit par le point d'application de la charge totale. . . . . $= 1,3685.$ m

Charge moyenne des pistons dans le cas où la pression étant portée à cinq atmosphères, on prend pour course d'admission de la vapeur $l' = 0^m,6844.$

Charge du piston du petit cylindre. . . . . $= 2915,79$ kil

Charge du piston du grand cylindre. . . . . $= 3329,9$ kil

Charge totale. . . . . $= 6245,69$ kil

Accroissement de charge. $= 966,94$ kil

Chemin décrit par le point d'application de la charge totale. . . . . $= 1,306.$ m

En donnant à la vapeur la détente ci-dessus, on peut remarquer :

1.° Que l'on n'aura pas à modifier la transmission, puisque la vitesse de la machine ne s'accroît que de 1,3 tours par minute.

2.º Que l'on gagnera 15 $^{ch.}$ 55 sans augmentation de dépense.

3.º Que la charge de la machine sera mieux répartie entre les deux pistons que dans l'état de régime.

Des diverses pressions qui viennent d'être calculées , on peut former le tableau suivant :

PRESSIONS dans le générateur.	COURSES D'ADMISSION DE LA VAPEUR.	PRESSIONS au moment où la vapeur va se condenser.
atm $3\frac{1}{2}$...	$l' = l = 1,06^{\text{m}}$...............	atm 0,91
$3\frac{1}{2}$...	$l' = 0,6844^{\text{m}}$...............	0,59
$3\frac{1}{2}$...	$l' = \frac{1}{2} l = 0,53^{\text{m}}$...........	0,46
$3\frac{1}{2}$...	$l' = 0,3015^{\text{m}}$ (maximum d'effet)..	0,29
$4\frac{3}{4}$...	$l' = l = 1,06^{\text{m}}$...............	1,25
5.....	$l' = 0,6844^{\text{m}}$...............	0,86
5.....	$l' = 0,2273^{\text{m}}$ (maximum d'effet)..	0.31

Ce tableau fait voir, que pour chaque pression dans le générateur, l'élasticité de la vapeur, au moment où elle va se condenser, diminue avec la course d'admission , jusqu'à devenir presque égale à la pression dans le condenseur , lorsqu'on a atteint la détente qui répond au maximum d'effet. Il s'en suit que la détente a pour effet d'utiliser une plus grande partie de la force motrice de la vapeur , laquelle, dans le cas du travail maximum, sort du grand cylindre avec une pression presque nulle dans les machines à condensation, de même que dans les récepteurs hydrauliques, l'eau sort sans vitesse de la roue quand il y a maximum d'effet produit. Nous ferons voir bientôt que cette loi est générale.

4. MACHINES DE M. VENNIN, CONSTRUCTEUR DE MÉTIERS A FILER LE LIN, RUE PRINCESSE, A LILLE.

Données.

$$r = 0,1325^{m} \qquad r_{\scriptscriptstyle I} = 0,22 \qquad P = 3\frac{1}{2}\ \text{atm.} = 36172,5^{\text{kil}}$$

$$a = 0,0551546^{\text{mq}} \qquad a_{\scriptscriptstyle I} = 0,152053^{\text{mq}} \qquad \varpi = 2175,79^{\text{kil}} = \frac{4}{19}\ \text{atm.}$$

$$l = 0,91^{m} \qquad l_{\scriptscriptstyle I} = 1,14^{m}$$

$$c = \frac{1}{15}\, l = 0,0607^{m} \qquad c_{\scriptscriptstyle I} = 0,0607^{m}$$

$$\varepsilon = 0,10^{m}\ (*) \qquad V = 49,14^{m} = 27\ \text{tours par minute.}$$

État de régime.

Vaporisation par heure..............	332,879 kil
Charbon correspondant..............	55,48 kil
Force brute de la machine...........	43,72 ch
Charbon brûlé par heure et par force de cheval.....................	1,269 kil
Travail produit par un kilog. de vapeur...	35461 km
Pression de la vapeur au moment où elle va se condenser....................	10332,5 kil = 1 atm environ.

(*) N'ayant pu me procurer les quantités c, $c_{\scriptscriptstyle I}$, ε je les ai choisies d'après l'analogie avec la machine de M. Cox, faite par le même constructeur. Quant à la quantité ϖ, je l'ai prise comme précédemment, attendu que la machine de M. Vennin, n'est pas pourvue, comme les deux premières, d'un indicateur du vide.

Accroissements de force.

1.ᵉʳ *mode*. Consistant à conserver à la machine sa vitesse de régime, et à porter la pression à cinq atmosphères (la chaudière est timbrée à six).

Accroissement de vaporisation par heure... $139,614$ kil

Charbon correspondant............... $23,269$ kil

Accroissement de force............... $20,77$ ch

Charbon brûlé par heure et par force de cheval d'augmentation................ $1,12$ kil

Pression de la vapeur au moment où elle va se condenser..................... $14932,65 = 1,445$ kil atm.

2.ᵉ *mode*. Consistant à conserver la même dépense, la même vitesse, et à porter la pression à cinq atmosphères.

Course d'admission de la vapeur...... $= 0,6232$ m.

Accroissement de force............ $7,694$, environ $18\ ^{0}/_{0}$ ch

Accroissement de force pour chaque révolution de plus par minute........ $1,904$ ch

Accroissement de dépense de charbon par heure, et pour chaque tour de plus par minute............... $2,055$ kil

Pression de la vapeur au moment où elle va se condenser................. $= 10332 = 1$ environ. kil atm

3.ᵉ *mode*. Détente du maximum d'effet, en supposant la même dépense que dans l'état de régime, et la pression portée à cinq atmosphères.

Course d'admission de la vapeur........ $= 0,1782$, m

Accroissement de force.............. $= 16,83$ environ $38\ ^{0}/_{0}$ ch

Vitesse de la machine............... $= 77,34$ par minute. tours

Pression de la vapeur au moment où elle va se
se condenser...................... $= 3192,^{\text{kil}} = 0,34^{\text{atm}}.$

Économie de combustible.

On conserve la pression, le travail de régime, et l'on prend pour
course d'admission de la vapeur $l' = 0^{\text{m}}.6232.$

Vitesse de la machine................ $= 34,2$ tours par minute

Vaporisation par heure........... $= 297,107^{\text{kil}}$

Charbon correspondant. .... $= 49,548^{\text{kil}}$

Économie de combustible par heure... $= 5,96^{\text{kil}}$

Pression de la vapeur au moment où
elle va se condenser............. $= 7089,84^{\text{kil}} = 0,686^{\text{atm}}.$

5. *Tableau des quantités de combustible consommées par les trois machines dans leur travail journalier.*

MACHINES.	DURÉE de la journée de travail.	CONSOMMATION de combustible d'après le calcul.	CONSOMMATION de combustible d'après l'expérience.		DIFFÉRENCES.	ERREURS relatives.
Machine de M. Charlet.	11 heures.	42,845 kil	Charbon anglais..43,5 kil Charbon de Mons.39,5	41,5 kil	1,345 kil	$\frac{1}{29}$ environ.
Id. de M. Cox...	12 »	1238,568	Charbon de Mons..... 1200 kil		38,568 kil	$\frac{1}{31}$ »
Id. de M. Veunin.	11 »	610,28	Mélange de charbon de Mons et de Fresnes... 630 kil		—19,72 kil	$-\frac{1}{32}$ »

Comme on ne sait pas si dans les générateurs un kilogramme de
charbon produit juste 6 kilogrammes de vapeur, j'ai renversé la ques-

tion. Regardant comme exacte la vaporisation calculée , j'ai divisé la vaporisation par heure , exprimée en kilogrammes , par la quantité de charbon brûlée dans cet intervalle de temps , et j'ai obtenu les résultats ci-après.

Dans la machine de M. Charlet un kilogramme de charbon

produit.. $6,195$ de vapeur, (kil)

» M. Cox. .... $6,193$ (kil)

» M. Vennin......... $5,812$ (kil)

A ces exemples , j'en ajouterai un quatrième qui n'est pas sans intérêt. En 1829 une machine de Wolf , construite par M. Halette , fonctionnait à Marcq (près Lille). Sous la pression de $3\frac{1}{2}$ atmosphères, et avec une vitesse de 13 tours par minute , elle développait d'après mes calculs , une force brute de 155 ch. 922. Cette machine donna lieu à un procès. L'un des experts ayant conservé le rapport a bien voulu me le communiquer. *Je lis à la page* 32 *que la machine ayant été nettoyée , consommait par jour* 25 *hectolitres de charbon* , ce qui fait par heure 166 kil. 667. Or le calcul donne 171 kil. 074. Ici la différence n'est que de 4 kil 411 , ce qui répond à une erreur relative de $\frac{1}{38}$ environ. Divisant, comme précédemment, la vaporisation en une heure , par la consommation correspondante de combustible , on trouve que

Dans la machine Halette, un kilog. de charb. produit 6 kil 176 vap.

De sorte que la moyenne pour les machines Charlet , Cox , Halette est de....................... 6 kil. 188.

On peut remarquer que dans les trois machines qui précèdent , la consommation de combustible calculée , surpasse la consommation réelle , tandis que l'inverse a lieu dans la machine Vennin. Si l'on pouvait réduire , pour cette dernière , la consommation vraie à 630 kil. — 2×19 kil. $72 = 590$ kil. 56 on ne changerait que le sens de l'erreur , et l'on mettrait la machine au degré d'économie des trois autres. On peut conclure de là , du moins jusqu'à un certain point , que la machine Vennin consomme journellement un demi hectolitre de charbon en pure perte. J'ai cherché à me rendre compte de cette particularité, et j'ai appris de M. Vennin que les cylindres et les tiroirs étaient en mauvais état. Dès lors une certaine quantité de vapeur passe au condenseur sans agir sur les pistons, et il en résulte que pour maintenir la même vitesse, il faut produire un excédant de vaporisation. La qualité du charbon (mélange de charbon gras et maigre) peut y être aussi pour quelque chose, ainsi que les valeurs attribuées aux quantités c, c_1, ε que je n'ai pu me procurer d'une manière certaine.

Formules qui ont servi de base à nos calculs.

6. Les formules qui ont servi de base aux calculs précédents sont les suivantes :

$$(1).\ \pi = \frac{a\,(l' + c)\left(\dfrac{n}{q} + \mathrm{P}\right) + a_1\,c_1\left(\dfrac{n}{q} + \varpi\right)}{a\,c + a_1\,(l_1 + c_1) - a\,\varepsilon} - \frac{n}{q}$$

$$(2).\ \mathrm{S} = \frac{av}{l}\ \frac{(l' + c)\,(n + q\,\mathrm{P})\,[a_1\,(l_1 + c_1) - a'\varepsilon] - a_1\,cc_1\,(n + q\varpi)}{a\,c + a_1\,(l_1 + c_1) - a\,\varepsilon}$$

$$(3).\ \mathrm{T_m} = \frac{av}{l}\,(l' + c)\left(\frac{n}{q} + \mathrm{P}\right)\left(\frac{l'}{l' + c} + \log\frac{l + c}{l' + c} + \log\frac{ac + a_1\,(l_1 + c_1) - a\varepsilon}{a_1\,c_1 + a\,(l + c) - a\varepsilon}\right)$$
$$- \frac{a_1 v}{l}\left(\frac{n}{q} + \varpi\right)\left(l_1 - c_1 \log\frac{a\,c + a_1\,(l_1 + c_1) - a\,\varepsilon}{a_1\,c_1 + a\,(l + c) - a\,\varepsilon}\right).$$

Dans ces formules P est la pression de la vapeur dans le cylindre avant la détente ; n et q sont des coefficients dont les valeurs sont, d'après M. de Pambour, et pour les machines à condensation :

$$n = 0,00004227,\quad q = 0,0000000529.$$

Les logarithmes qui entrent dans la dernière, sont des logarithmes népériens.

La première donne la pression de la vapeur au moment où elle va se condenser, exprimée en kilogrammes par mètre carré.

La seconde fait connaître la vaporisation par minute en mètres cubes d'eau à 100°.

La troisième détermine en kilogrammètres, le travail transmis aux pistons, en tenant compte de la résistance due à la pression dans le condenseur. (Voir notre Mémoire sur le travail de la vapeur, inséré dans les Mémoires de la Société impériale des sciences de Lille, année 1855, 2.ᵉ série, 2.ᵉ volume, page 221).

Pour convertir ces formules en nombres il faut avant tout connaître P, ce qui nous conduit à démontrer le principe suivant, que j'appellerai : *Principe de la conservation de la pression avant la détente.*

D'abord, une observation fort simple prouve, que dans les circonstances ordinaires, la pression de la vapeur se transmet dans les conduits sans diminuer sensiblement. En effet, quand on fait écouler l'eau, qui par l'effet du refroidissement, s'accumule dans les tuyaux du manomètre, l'aiguille reste stationnaire, ou du moins reprend sa position première quand l'opération est terminée ; donc, *la pression de la vapeur ne change pas sensiblement du générateur au manomètre, et par conséquent aussi, avant la détente, du générateur au cylindre, puisque l'appareil est placé dans l'enceinte même où fonctionne la machine.* Il s'agit maintenant de savoir si cette pression se conserve jusque dans le cylindre.

Considérons une machine quand le régime est établi. Si l'on augmente la charge sans changer la vaporisation, il est clair qu'on diminuera la vitesse ; dès lors, la pression augmentera, afin que sous un moindre volume, il se dépense toujours le même poids de vapeur. Suspendons maintenant le mouvement de la machine, et afin que la pression dans le générateur ne change pas, faisons écouler, par un robinet de décharge, une quantité de vapeur égale à celle qui se dépense dans l'état normal ; enfin, appliquons sur les pistons, une résistance indéfinie. Ayant fermé le robinet de décharge , si l'on rétablit la communication avec le cylindre , la vapeur se précipitera sous le piston ; dans ce trajet elle diminuera de pression , mais la vapeur continuant d'affluer , la pression dans le cylindre croîtra graduellement , et deviendra nécessairement égale à la pression dans la chaudière , puisque le piston reste immobile. Concevons maintenant que l'on diminue la charge très rapidement , mais d'une manière continue , il arrivera nécessairement un moment où le piston sera soulevé. Dans les premiers instants du mouvement , la force motrice surpassera un peu la résistance ; elle imprimera donc au piston une vitesse croissante. Mais bientôt l'accélération du mouvement amenant une diminution de pression , l'effort moteur décroîtra , et deviendra moindre que la résistance : alors le mouvement se ralentira , et ce ralentissement continuera tant que la force motrice restera moindre que la résistance. La pression continuant à croître surpassera bientôt la résistance , et à ce moment la vitesse redeviendra croissante , tandis que la force motrice sera décroissante ; l'accélération du mouvement se continuera donc jusqu'à ce que la pression redevienne moindre que la résistance et ainsi de suite. La force motrice oscillant légèrement de chaque côté de la résistance , la pression moyenne dans le cylindre , avant la détente, sera égale à cette résistance , et très peu inférieure à la pression initiale , ou à la pression dans le générateur , laquelle restera ainsi constante tant que le feu sera maintenu au même degré. Dans les circonstances ordinaires du mouvement des machines , cette différence sera un peu augmentée par le surplus de résistance qui a lieu au départ. Il suit de là que *le mouvement du piston sera uniforme, ou périodiquement uniforme. Quant à la vitesse moyenne de ce mouvement, elle sera égale à très-peu près , à la vitesse produite pendant que la force motrice est restée constamment supérieure à la résistance , et cette vitesse se réglera évidemment sur la vaporisation, c'est-à-dire sur la quantité de vapeur que la chaudière sera capable de fournir sous la pression donnée.* Ainsi la pression et la vaporisation qui répondent à l'état qui précède , sont celles qui ont lieu dans l'état de régime; il faudra donc que la charge de la machine soit la même dans les deux cas, sans quoi la pression serait plus grande dans le premier cas que dans le deuxième, la charge fictive ne pouvant être inférieure à la charge vraie, et d'ailleurs la vaporisation étant la même; la vitesse sera donc aussi la même, et les deux états de la machine seront* identiques. Donc, *la pression dans le cylindre avant la détente, est sensiblement égale à la pression dans le générateur.*

On sait qu'une machine à vapeur peut travailler sous des pressions très différentes, la vitesse et la charge utile restant les mêmes. *Il faut donc que la résistance sur les pistons se modèle à son tour sur la force motrice,* afin qu'il y ait toujours équilibre entre ces deux forces avant la détente. Mais d'où vient l'accroissement de résistance qui répond à l'accroissement de pression ? Il est évident que s'il n'est pas dû à la résistance utile proprement dite, il ne peut provenir que des résistances nuisibles telles que les frottements. En effet, si l'effort transmis aux pistons varie, la pression entre les surfaces frottantes, comme entre les dents des engrenages, varie également, et par conséquent aussi les frottements qui sont proportionnels aux pressions. Il suit de là *qu'il est avantageux de ne faire travailler une machine que sous une pression très peu supérieure à la moindre pression pour laquelle on puisse maintenir la vitesse normale, car il est évident que pour une pression plus grande, on travaillera au profit des frottements.* En même temps, on consommera plus de combustible, attendu qu'il sort toujours des cylindres le même volume de vapeur, mais à une densité plus grande.

Les formules 2 et 3 font voir, que la pression dans le générateur restant constante, la vaporisation et le travail sont proportionnels à la vitesse. Il suit de là que si l'on veut accroître encore le travail de la machine, par exemple d'un vingtième, il suffira d'augmenter la vitesse d'un vingtième de sa valeur actuelle; alors en maintenant la même pression, la vaporisation, et par conséquent aussi la dépense de combustible, s'accroîtront d'un vingtième. Donc si les chaudières pouvaient produire des quantités de vapeur indéfiniment croissantes, la force des machines serait sans limites.

Effets de la détente.

7. Le tableau du N.° 3 nous a montré la détente sous un nouveau jour, en nous faisant voir qu'elle avait pour effet d'utiliser une plus grande partie de la force motrice de la vapeur. Il s'agit maintenant de démontrer que cette loi est générale. Pour cela reprenons l'équation (1) du N.° 6, savoir :

$$(1). \quad \pi = \frac{a\,(l' + c)\left(\dfrac{n}{q} + P\right) + a_1\,c_1\left(\dfrac{n}{q} + \varpi\right)}{a\,c + a_1\,(l_1 + c_1) - a\,\varepsilon} - \frac{n}{q}.$$

On voit d'abord que pour une même valeur de P, la pression π diminue avec la course d'admission l'. En second lieu, si l'on attribue à π sa valeur minimâ, savoir $\pi = \varpi$, et qu'on résolve l'équation résultante par rapport à l' il vient

$$(2). \quad l' = \frac{a_1\,(n + q\,\varpi)}{a\,(n + q\,P)}\, l_1 - \left[c - \frac{n + q\,\varpi}{n + q\,P}\,(c - \varepsilon) \right].$$

Or, cette valeur de l' diffère très-peu du premier terme, lequel est à très peu près égal à la course d'admission qui répond au maximum d'effet. (Voir la formule 29 du Mémoire cité.) Si l'on remarque maintenant que le dernier terme de la relation (2) est négatif, on en conclura que

$$l' < \frac{a_1\,(n + q\,\varpi)}{a\,(n + q\,P)}\, l_1.$$

Par conséquent, pour toutes les valeurs de l' qui ne seront pas inférieures à la quantité

$$\frac{a_1\,(n + q\,\varpi)}{a\,(n + q\,P)}\, l_1 ,$$

π sera toujours plus grand que ϖ, et il sera toujours très-peu au-dessus de ϖ lorsque l' sera très-peu au-dessus du terme qui précède. Ainsi *dans la machine à vapeur il y aura maximum d'effet produit lorsque la vapeur, à sa sortie des cylindres, aura une pression très-peu supérieure à la pression qui s'exerce soit dans le condenseur, soit dans l'atmosphère.*

Accroissement de travail utile.

8. Recherchons maintenant la relation qui existe entre les accroissements de travail utile, et les accroissements de travail brut. Nommant φ et φ_1 les valeurs en kilogrammes des frottements relatifs au petit et au grand cylindre de la machine marchant sans charge, et rapportés au mètre carré, b l'accroissement de frottement par unité de charge utile, on aura, en désignant par R la charge totale, et par R_u la charge utile.

$$(1). \qquad R = a\,\varphi + a_1\,\varphi_1 + (1 + b)\,R_u.$$

Multipliant les deux membres de cette égalité par la vitesse w du point d'application de la charge totale, on trouve

$$T_m = (a\,\varphi + a_1\,\varphi_1)\,w + (1 + b)\,T_u.$$

Mais d'après M. De Pambour, l'on a, approximativement, et pour les machines de Watt :

$$(2). \qquad \varphi = \frac{225}{r}, \; \varphi_1 = \frac{225}{r_1};$$

d'ailleurs

$$a = \pi\,r^2, \; a_1 = \pi\,r_1^2, \; w = \frac{h}{l}\,v;$$

par suite

$$(3). \qquad T_u = \frac{T_m}{1 + b} - \frac{225\,\pi}{1 + b}\,\frac{(r + r_1)\,hv}{l},$$

de laquelle on tire

$$(4). \qquad \delta T_u = \frac{\delta T_m}{1+b} - \frac{225 \; \pi}{1+b} \; \frac{(r+r_{_1})}{l} \; \delta.hv.$$

Cette dernière équation fera connaître les accroissements de force utile, quand on aura calculé les accroissements de force brute.

Si l'on divise membre à membre l'équation (4) par l'équation (3), on en tire, à très-peu près

$$(5). \qquad \frac{\delta T_u}{T_u} = \frac{\delta T_m}{T_m} .$$

D'où l'on conclut que *le rapport de l'accroissement de travail utile, au travail utile, est peu différent du rapport de l'accroissement du travail brut, au travail total.*

Je n'ai pas cru devoir calculer, dans ce qui précède, les accroissements de force utile, à cause de l'incertitude qui règne sur la valeur du coefficient b appliqué aux machines fixes. Pour les locomotives, M. De Pambour a trouvé $b = 0,14$, mais il est à présumer que cette valeur est trop faible pour les machines stationnaires.

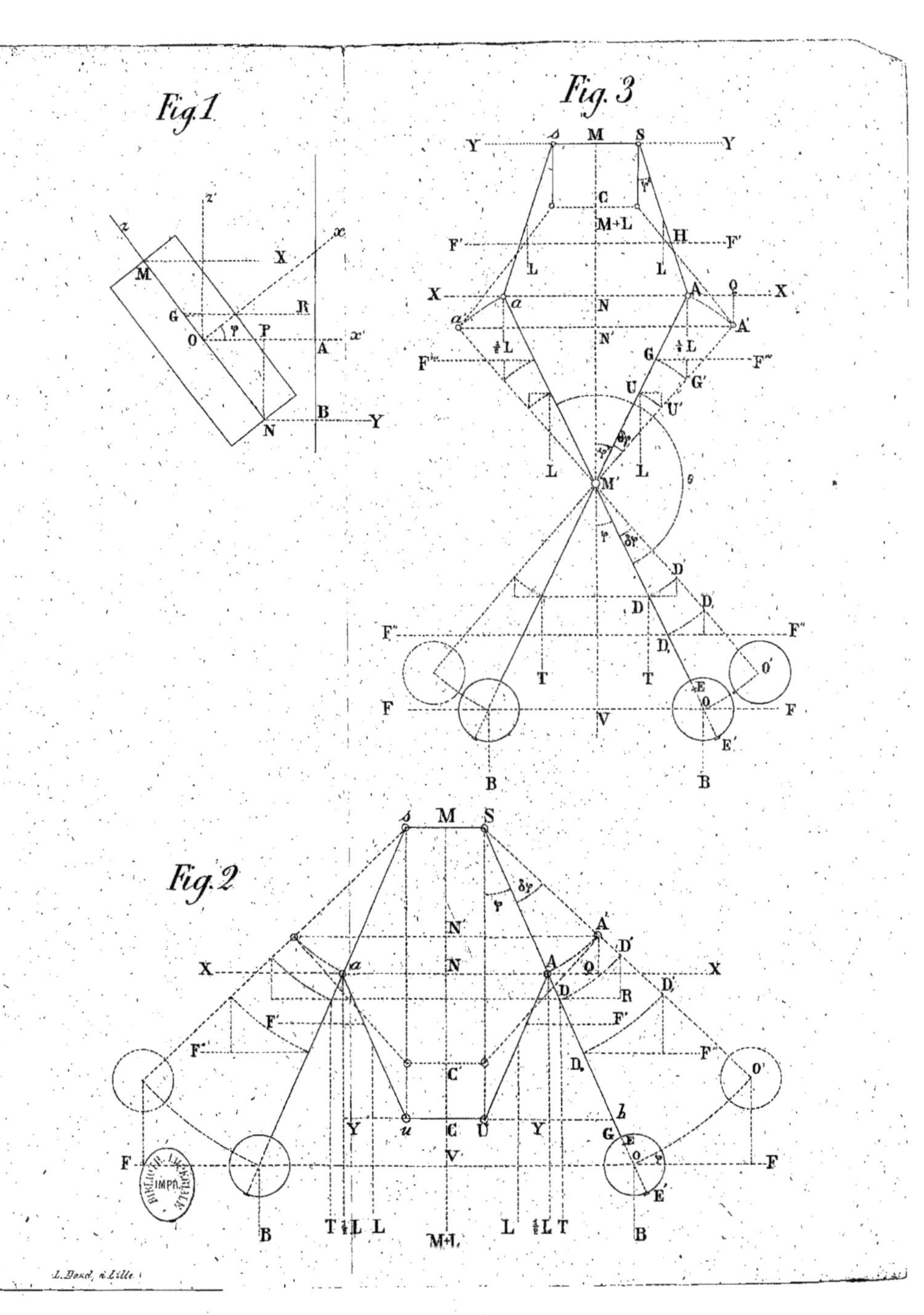

Fig.1
Fig.3
Fig.2
L. Danel, à Lille.